AF460418

MAURICE BARRÈS

LA FOLIE DE CHARLES BAUDELAIRE

LES ÉCRIVAINS RÉUNIS
11, RUE DE L'ANCIENNE COMÉDIE
PARIS

LA FOLIE
DE
CHARLES BAUDELAIRE

IL A ÉTÉ TIRÉ DU PRÉSENT OUVRAGE :

50 exemplaires sur Japon impérial,
numérotés de 1 à 50.

75 exemplaires sur Vélin d'Arches,
numérotés de 51 à 125.

1000 exemplaires sur Alfa,
numérotés de 126 à 1125.

Cet exemplaire porte le

N°

MAURICE BARRÈS

LA FOLIE
DE
CHARLES BAUDELAIRE

LES ÉCRIVAINS RÉUNIS
11, RUE DE L'ANCIENNE COMÉDIE
PARIS

Beaucoup étudièrent déjà l'œuvre de Baudelaire. M. Bourget a formulé en termes excellents la fascination qu'exercent les *Fleurs du Mal* sur bon nombre des jeunes esprits les plus distingués. Mais il limite rigoureusement sa psychologie. Satisfait de dégager les caractères moraux de l'éducation baudelairienne, il glisse sur les résultats et veut ignorer les origines.

M. J.-K. Huysmans a détaillé, sous forme de roman, les subtilités de sensation d'un névropathe de cette race. C'est une curieuse monographie qui intéresse l'artiste et le penseur.

J'aurai plus de confiance dans l'idée non séparée du fait, dans la spéculation soutenue de l'histoire. Sans m'attarder sur la rhétorique ni le tempérament de mon auteur, je voudrais rechercher quelle couleur revêt la vie chez Baudelaire et chez les esprits moins connus qui, nés dans la même atmosphère, adaptent à leur sincérité la manière de sentir formulée dans les *Fleurs du Mal*. Je veux noter les airs que dit à la vie un groupe d'originaux de cette heure ; nous suivrons leurs résonances et leurs variations jusque dans le lointain des cœurs qui vibrent à l'unisson de cette œuvre de nerfs, la plus tendue qui fut jamais.

Le courant baudelairien nous arrête tout d'abord dans cette enquête que nous instruisons sur le problème de la vie dans la littérature contemporaine. Parmi ceux qui se partagent le domaine mental, c'est-à-dire qui représentent la sensibilité et l'intelligence d'aujourd'hui, en même temps qu'ils modèlent les sensations, les sentiments et les idées de demain, Baudelaire et ses amis s'imposent comme les interprètes de la sensation. Certes, ils ne seraient pas de vrais artistes s'ils ne fécondaient la sensation, en sorte qu'elle suggérât la pensée, pas plus que des penseurs, s'ils n'intéressaient les sens à la pensée, s'ils ne rendaient l'idée sensible. Mais c'est la sensation qu'ils éveillent tout d'abord, ces poètes sensualistes, c'est elle qu'ils prétendent réaliser; c'est encore les sens du lecteur qu'ils attaquent pour rejaillir de là dans l'entendement.

Sorti de la sensation, un poème est-il moins haut qu'une œuvre inspirée par la raison ? — Cette querelle n'existe pas entre artistes. Je laisse au dernier mot de ces essais de décider si le bonheur se trouve à cultiver la sensation, le sentiment ou l'idée.

Il nous suffit à cet instant de justifier notre itinéraire.

I

LES PRÉCÉDENTS : LES SATANIQUES ET JOSEPH DELORME, L'ESTHÉTIQUE D'EDGAR POE.

Lisez l'œuvre de Baudelaire, écoutez ses familiers, relisez-le avec soin, vous sentirez sous cette forme enveloppée un homme étrange, mais sincère, une autobiographie, la vie d'un sensualiste. Son titre truculent déroute dès l'entrée. Il naquit de l'idée mystique qui tient en défiance la chair et la nomme volontiers le Mal. De là, les *Fleurs du Mal*. Baudelaire, toujours inquiet d'étonner dut se réjouir de cette trouvaille dont l'honneur revient à Hippolyte Babou. C'est bien la tradition des sataniques, continuée aujourd'hui par des esprits analogues, par M. Maurice Rollinat, qui nous apparaît foudroyé, yeux fulgurants, cheveux hirsutes, en tête de son volume les *Névroses;* par les *Poèmes saturniens* et les *Poètes maudits*, de M. Paul Verlaine; par *le Guignon*, de M. Stéphane Mallarmé.

Fleurs du Mal! Quand éclatèrent ces trois mots en 1857, la justice s'émut et supprima quelques pièces.

Ceux-là même qui défendirent alors Baudelaire ne semblent guère le comprendre. « Œuvre sérieusement impersonnelle », écrivent-ils. Quelle erreur! Je sais bien qu'ils plaidaient. Alcide Dusolier, un ennemi, mais perspicace, conclut un article de première heure par cette épigramme bien jolie. « Boileau hystérique. » Hystérique, oui certes. Sainte-Beuve, comme toujours, trouva la note juste, et cette fois, la formule. « Vous avez dû beaucoup souffrir, mon cher enfant », écrit-il à Baudelaire.

Cette plainte si tendre, d'une simplicité exquise, traduit notre cœur presque à chaque page des *Fleurs du Mal*. Sans doute nous écartons plus d'une pièce : actualités comme le sonnet à Théodore de Banville, le quatrain sur un tableau de Manet, le fragment traduit sur commande de Longfellow, morceaux introduits tous par la convenance de l'éditeur ; d'autres encore, tels que le *Don Juan aux enfers*, de fort belle allure, mais où éclate l'influence immédiate du pur romantisme, un des premiers essais de Baudelaire d'ailleurs, et qu'il lisait aux jours de sortie du collège Louis-le-Grand à son ami Louis Ménard et à un nouveau venu, un jeune homme de l'Ile-Bourbon, qui répondait par des vers de soleil et de Grèce, Leconte de Lisle.

J'indique là un triage que les raffinés baudelairiens n'hésitent guère à s'accorder, encore que leur juste piété suive le maître jusqu'en ses trébuchements. Au meilleur de son œuvre percent peut-être, çà et là, quelque affectation et cette recherche de l'effet qu'il poussa dans la vie jusqu'aux légendaires extrémités qu'on se répète. Du moins, un peu familiers de la cape et de l'épée romantiques, nous sentirons l'angoisse de ce faux comédien, une émotion poignante, toute en dedans, non pas verbeuse et prodigue en apostrophes, mais qui se glisse le long des nerfs et d'une acuité physique presque. Un vers des *Fleurs du Mal* c'est une phrase de musique écourtée qui se termine en nous malgré nous, c'est une goutte odorante qui peuple de sensations, de pensers vagues, le silence. C'est un livre suggestif et qui hante.

Et fût-il maladroit, — ce que j'accorde rarement, ses défauts mêmes étant voulus — l'âpreté dont il se fouille et se retourne l'âme révèle sa sincérité.

Cet homme est tourmenté comme son œuvre. Ses jouissances et ses souffrances sont bien faites de sa chair ; il laisse les dilettantes faciles à la beauté et curieux de douleurs coqueter avec la vie ; il ignore les récits et la sagesse des historiens. Où donc Baudelaire eût-il connu ces sensations rares, plus fortes que variées, et si logiques les unes aux autres, sinon dans sa conscience même ? Cela aide à concevoir son sérieux, son grossissement tout sincère, son amertume aussi.

*
* *

Et cette psychologie il n'en est pas seulement l'objet mais, pour une bonne part, le créateur.

Son analyse en 1857 tranchait de couleur singulière sur le lyrisme à la mode. A cette époque, Lamartine régnait par les femmes, Musset demeurait le poète des écoles, Hugo, suspect au gros public, passionnait sans partage les littérateurs et les politiciens d'avenir. « Calcul, froideur », disait-on de Baudelaire. « Boileau », conclut Dusolier. C'est que la plupart avec lui n'imaginent guère un poète que débordé, en plein ciel, entassant les images, parmi des aigles et des nuages. Ils trouvent ici une savante concision, du marbre brûlant, la réflexion jusqu'aux frontières de la démence, souvent un vers superbe, rarement une belle suite. Sa prose se soutient mieux, lourde et telle qu'un bloc de glace polaire par où transparaissent çà et là des profondeurs. Aussi bien, c'est pour ce voulu de l'inspiration, c'est pour ces dessous familiers aux races germano-anglaises que tant de très jeunes esprits, qui s'affichent réalistes, en réaction de 1830, se complaisent avec ce poète, plus intuitif cependant qu'observateur, et le plus idéaliste du siècle.

Il est de la suite de René. Il déclame moins haut. L'Océan couvrirait aisément sa voix fatiguée par les veilles de la cité, assourdie comme le roulement des voitures dans la nuit des boudoirs capitonnés. Chateaubriand, avec toutes ses splendeurs, avec ses draperies envolées dans la gloire, ses phrases de bronze et de pourpre n'a pas cette subtilité des couplets qui s'alanguissent comme des femmes voluptueuses et nous caressent avec des vices savants.

Déjà Joseph Delorme l'approche par sa souffrance intime qui s'analyse sans gesticuler. « L'âme de Joseph Delorme, écrivait Sainte-Beuve, nous offre un inconcevable chaos où de monstrueuses imaginations, de fraîches réminiscences, des fantaisies criminelles, de grands projets avortés, de sages prévoyances suivies d'actions folles, des élans pieux après des blasphèmes, jouent et s'agitent confusément sur un fond de désespoir. » Sainte-Beuve avait trop de finesse, trop de fuyance. Il éparpille ce « chaos » dans ses vers, ne le fait pas sentir. L'analyse morale nuancée à l'infini l'attirait. Il allait s'étaler plus au large, ou mieux se profiler sous plus d'aspects dans ce précieux livre de *Volupté*, le plus énervant des chefs-d'œuvre. N'importe! Lui, ce célibataire de la littérature qui fut de tant de familles, il avait été quelques instants des ancêtres des Baudelairiens. Peut-être ces derniers ne le soupçonnèrent jamais. Les fils ignorent si aisément leurs pères. Le révolté des *Fleurs du Mal*, ne méprisait-il pas Byron? Ne dédiait-il pas ses poèmes au « maître impeccable » Théophile Gautier? Ce ne peut être que la maîtrise du langage qu'il salue dans ce merveilleux décorateur. Au reste, il y a du parfait grammairien dans la prose de Baudelaire.

Tout vrai génie étant à la fois mâle et femelle se féconde soi-même. Il n'y faut qu'un accoucheur. Le rayon de soleil vint d'Amérique par quoi éclata la gloire des *Fleurs du Mal*. Baudelaire débuta par nous révéler Edgar Poe, ce brouillard qui nous pénètre avec la lenteur égale d'une pluie fine et que coupent par saccades des éclairs, et des éclairs d'intuition. A notre langue latine, savante logicienne, toute extérieure, qui simplifie, jusqu'à les supprimer, les complications obscures de la vie, et qui recouvre les abîmes de conscience, comme une mince couche de neige voile les précipices, sans permettre de les étudier, à cette vieille lassée par trois efforts immortels au service de la Grèce, de Rome et de notre Renaissance, il enseigna les clairs-obscurs, le raisonnement aigu jusqu'à la douleur, le délire mathématique et cette brume faite de l'haleine des alcoolisés et toute cette poussière de rêves, de somnambulisme et de folie qui enveloppe le grand poète anglo-germain.

L'esthétique des *Fleurs du Mal* sort tout d'une pièce d'Edgar Poe.

Baudelaire avec cela demeure l'un

de nous. Moins immatérielle que les Ligeïa et les Morella, sa poésie ne se satisfait pas de purs esprits d'idées vivantes. Avec des nerfs il a des appétits. Les créatures aériennes que Poe fait de pâleurs lunaires et d'angoisses nocturnes nous hantent à jamais comme des cauchemars ; chez Baudelaire, à côté de la Béatrice, figure de rêve aussi, mais qui réconforte comme la première aube caresse le malade, on discerne, entre chaque ligne presque, la mulâtresse de qui nous entretiennent ses biographes. Peu ou point de mystification prolongée dans les *Fleurs du Mal*. Les symbolismes même y sont rares et de premier degré.

A cet instant du siècle, des existences entières et des heures rares de chacun de nous sont faites de cette même substance dont Baudelaire a pétri son œuvre. Pour un peu, si l'on me poussait, je dirais que c'est un livre simple et ouvert à tous. Au demeurant, la vie des sens.

II

LA VIE DES SENS CHEZ BAUDELAIRE.

Pourtant des hommes d'esprit et nombreux se refusent à comprendre les *Fleurs du Mal.* Sincères, ils ont raison. C'est ici une querelle de sensation. La logique des filiations, le soulignage du critique n'y peuvent mais. Vous sentez ou vous ne sentez pas. C'est nous qui faisons la beauté de Baudelaire. Nos inquiétudes se mirent dans ses vers.

Un jour viendra que les *Fleurs du Mal*, n'exhalant plus les parfums d'aucune âme, tomberont dans l'oubli.

Et rien ne demeurera de nos inquiétudes. Seuls, des chercheurs les exhumeront parfois de la poussière, tandis que la jeunesse d'alors agenouillera des enthousiasmes, aussi intransigeants que les nôtres, devant des autels nouveaux. Et ce sera justice, puisque telle est la nécessité.

Mais qu'importe! Nous vivons encore et on a pu dire avec quelque justice : « Ce Baudelaire c'est étonnant ! Il déplaît à tous les imbéciles! »

Peut-être cette épithète ne suffit-elle pas à éclairer la question. Je voudrais y suppléer par des notules sur la vie des sens dans l'œuvre baudelairienne.

Les sensations de Baudelaire et des siens sont d'ordre rare toujours et les plus excessives où puisse atteindre la machine humaine se travaillant elle-même. Tous les esprits vraiment de cette époque se sont rencontrés à quelque heure à sentir de façon analogue. Flaubert ayant écrit l'admirable dialogue de la Chimère et du Sphinx, de la Luxure et de la Mort [1], pouvait dire à Baudelaire : « Vous chantez la chair sans l'aimer d'une façon triste et détachée qui m'est sympathique. Ah ! vous comprenez l'embêtement de l'existence, vous ! »

On s'étonne davantage peut-être à écouter M. Renan : « Qu'est-ce qui sauve ? Eh ! mon Dieu ! c'est ce qui donne à chacun son motif de vivre. Le moyen de salut n'est pas le même pour tous. Pour l'un c'est la vertu, pour

(1) Comparez la Débauche et la Mort (*Fleurs du Mal*).

l'autre l'ardeur du vrai, pour un autre l'amour de l'art ; pour d'autres la curiosité, l'ambition, les voyages, *les femmes*, le luxe, la richesse; au plus bas degré, *la marphine et l'alcool* (2). » Mais ce sont là les bornes extrêmes du domaine de ces esprits. Un jour, leur curiosité s'aventura de ce côté; ils y plantèrent leur bannière pour n'y plus revenir; c'est de ce Finistère que Baudelaire s'enfonce dans les brouillards, sur les abîmes, par les vagues et les tourmentes.

Et quels sens cultive-t-il de préférence? La vue, l'ouïe? — Non pas; mais le toucher, l'odorat surtout, ces serviteurs plus épais, relégués pour

(2) Pour ne pas sentir l'horrible fardeau du temps qui brise vos épaules et vous penche vers la terre, il faut vous enivrer sans trêve.

Mais de quoi? De vin, de poésie ou de vertu, à votre guise, mais enivrez-vous. (*Poèmes en prose*, B.)

l'ordinaire aux gros ouvrages de la vie, et que la psychologie anglaise prive du caractère esthétique. Comme si la vie entière n'était pas poésie, poésie qui s'envole aux heures de loisir et par tous les sens, selon qu'ils sont exercés !

Baudelaire n'a-t-il pas écrit :

« Mon âme nage sur les parfums comme l'âme des autres hommes sur la musique. »

Et ailleurs parlant à un chat :

« Lorsque mes doigts caressent à loisir
« Ta tête et ton dos élastique,
« Et que ma *main s'enivre du plaisir*
« De palper ton corps électrique,... »

C'est dans le choix des épithètes que cette prédominance relative des sensations de tact, de goût et d'odorat se trahit.

On n'analyse pas les émotions comme

on ferait des phénomènes intellectuels.

Les émotions d'où sortent les *Fleurs du Mal* sont composées assurément, mais leurs éléments s'effacent dans ce vague tourbillon, qui est notre *moi*, et que seul de loin en loin un éclair de conscience nous révèle comme une danse de poussière dans une bande de soleil.

Il faudrait, pour mettre en formule ce travail inconscient qui se fait dans l'artiste et dans tout homme, beaucoup de psychologie, des documents sur les ancêtres, et, je crois bien, un peu de naïveté. C'est pourquoi, laissant là ces obscurités, nous nous amuserons à indiquer pour nos lecteurs les plus curieux, quel parti sait tirer le poète de ces sensations — groupe d'émotions plus menues et composées elles-mêmes jusqu'à l'infini — qui caractérisent le tempérament baudelairien.

*
* *

Le plus souvent il procède par sensations associées, par *correspondance*, comme dit Swedenborg, c'est-à-dire qu'il a l'intuition secrète de rapports invisibles à d'autres. Il rapproche ainsi par des analogies inattendues des sensations déjà étranges.

Comme de longs échos qui de loin se [confondent
Dans une ténébreuse et profonde unité,
Vaste comme la nuit et comme la clarté,
Les parfums, les couleurs et les sons se [répondent.

Il est des parfums frais comme des chairs [d'enfants,

Doux comme les hautbois, verts comme les [prairies
— Et d'autres corrompus, riches et [triomphants,
Ayant l'expansion des choses infinies
Comme l'ambre, le musc, le benjoin et [l'encens
Qui chantent les transports de l'esprit et des [sens.

Plus excessif encore est le curieux sonnet des voyelles d'Arthur Rimbaud.

A noir, E blanc, I rouge, U vert, O bleu, [voyelles.

Tous les jeunes artistes de l'école se complaisent à ces transpositions. Ils savent par exemple à quelle pierre correspond tel nom ; Charles sera de marbre noir, Emile de lapis vert ; ils connaissent des vocables qui rafraîchissent, d'autres qui menacent. On touche ici au Z. Marcas que Balzac, un voyant lui aussi, mais un peu épais, déclarait d'une sonorité fatidique. Et cet excellent des Esseintes atteignit une jolie force dans ces essais de synthèse.

Cette intuition qui relie les objets les plus éloignés fournit de surprenantes comparaisons qui réalisent vraiment l'inexplicable. Mallarmé partit de ce point pour abolir, comme dit Huysmans, l'énoncé même de la comparaison qui, dès lors, s'établit toute seule dans l'esprit du lecteur dès qu'il a pénétré le symbole.

Et ici nous touchons au suprême effet de ce procédé ; par l'analogie, nous atteignons à supprimer toute composition dans l'œuvre d'art et à rendre les sensations bout à bout ou mêlées telles qu'elles se présentent au poète, juxtaposées par les associations les plus bizarres, selon le tempérament individuel, les habitudes, etc. La raison n'a plus que faire ici. Seuls, les sensualistes de tempérament analogue peuvent se comprendre les uns les autres.

***

Pour tout homme sensé l'association du mot et de l'idée est tellement indissoluble, que l'opposition du fond et de la forme, familière à des esprits superficiels, lui paraît une simple sottise ; pour tout artiste, les *résonances* du mot et les nuances de l'idée ne se lient pas moins étroitement.

Tout délicat connaît la vague mélancolie d'un vers choisi réapparaissant çà et là dans le déroulement d'une pièce comme un rappel, comme une nostalgie invincible, comme un mouchoir qu'on agite encore dans le lointain d'une séparation. Faut-il parler de ces consonnes qui reviennent et insistent harmonieusement dans le même vers, de ces altérations connues déjà des Racine et des Chénier, si familières à notre école.

Faut-il encore répéter après Gautier que pour le poète les mots ont en eux-mêmes et en dehors des sens qu'ils expriment, une beauté et une valeur propres ?

> Dans un palais, soie et or, dans Ecbatane,

dit Verlaine. Ecbatane, pour celui-là même qui ne sait pas la vieille capitale des Mèdes, n'évoque-t-il pas des teintes cuivrées fauves d'ancienneté et de splendeurs, et une domination hautaine sur tout un peuple accroupi sous le froissement des chaînes lourdes? Quel fin lettré un peu artiste ne sentira les évocations enfantines des mots primitifs, la muette somptuosité des liturgiques, l'angoisse des adverbes très longs qui suspendent la phrase!

Et la place qu'occupent les mots de race parmi la racaille dans la période!

Puis la phrase elle-même gesticule. Le geste de l'avocat aide à sa parole : l'écrivain, à son bureau, mime ses émotions pour trouver leur formule. Deux héros luttent, leurs apostrophes lutteront; les coups de glaive rythment la prose de l'orateur, la période se dresse avec le fer, tournoie, retombe avec fracas, rebondit, pare et tue.

Dans « l'Après-midi d'un faune » de Mallarmé, le faune sensuel et vierge s'affole des nymphes qui paraissent, et il s'écrie :

Alors m'éveillerai-je à la ferveur première
Droit et seul sous un flot antique de lumière,
Lys ! et l'un de vous tous par l'ingénuité !

Ces vers avec le monosyllabe *lys*, en rejet, exprime allégoriquement, en un seul terme, la passion, l'effervescence, l'état momentané du faune. Des Esseintes m'a signalé cette très noble impudeur. Aussi bien c'est affaire à lui de se complaire plus avant dans ces confiseries délicieuses du style.

*
* *

Prenons donc une fonction de la vie, et la plus révélatrice peut-être : l'amour.

L'amour, chez Baudelaire, est sensuel jusqu'à la science. Qui s'en étonnera après ce que nous vîmes de son exaspération nerveuse? La débauche n'assouvit pas; elle affole les désirs, elle les complique d'étranges imaginations. Par des voluptés sombres, il va jusqu'à Lesbos :

Lesbos, terre des nuits chaudes et
[langoureuses,

jusqu'au boudoir des assassinées :

L'homme vindicatif que tu n'as pu, vivante,
Malgré tant d'amour, assouvir,
Combla-t-il sur ta chair inerte et
[complaisante
L'immensité de son désir?

Il va jusqu'au sadisme.

D'autres poussent plus loin encore. L'analyse qui, en amour, est le retour au vomissement, met le dégoût dans notre cœur en même temps qu'elle assied la tristesse au chevet de nos réveils inapaisés et rompus. Mais l'intellect de Baudelaire dédaigne le plaisir réalisé. Combat magnifique? Sa volonté insulte à son appétit. Le poète affolé s'en prend au démon, se jette aux bras de l'Église.

Cependant, à la même heure, des compagnons d'art, des amis dans la bataille des théories, Leconte de Lisle et son groupe exaltent les sérénités de la Grèce et jettent au Moyen-Age et au Nazaréen des anathèmes qui retentissent au cœur de toute une génération.

Mais cette foi baudelairienne aux influences supérieures n'est, si l'on me passe la métaphore, qu'un profil de cet amour du vague, de cette sensualité raffinée qui se complaît aux pâleurs lunaires et aux vocables cabalistiques. Faits d'analyse et de volupté jusqu'à l'excès, les tempéraments que nous étudions deviennent raffinés jusqu'au mysticisme. C'est la loi pour Mme Guyon. la tendre et subtile amie de Fénelon, comme pour Baudelaire et Verlaine. Mais pourquoi, à chaque page de l'histoire, le mysticisme, cette fleur des sommets de l'esprit humain, laisse-t-il une tache troublante et pareille parfois à du sang ?

*
* *

Gardons-nous peut-être de les saluer trop vite chrétiens, ces poètes. La liturgie, les anges, les satans, tout le pieux appareil, ne sont qu'une mise en scène pour l'artiste qui juge que le pittoresque vaut bien une messe. Leur religion n'a pas surgi soudain par la grâce d'un élan de foi, c'est la tristesse qui développa dans l'intimité de leur âme des germes pieux héréditaires. L'appel au ciel de l'analyste, c'est le regard haut, le cri désespéré du voyageur enlisé dans les sables où il va disparaître tout entier.

Ils se plaignent au ciel, ces poètes, mais à quel ciel? Puis il est des blasés que titille le péché. J'en sais qui ne vont à l'église que pour pouvoir blasphémer.

Au Moyen-Age, en dépit de tout, la piété de Jésus avait une autre onction, cet apaisement par quoi l'*imitation*, jadis si brûlante, demeure aujourd'hui encore chère à plus d'un, et même suffit à l'intellectuel qui, ayant contemplé la vie depuis les sommets neigeux de l'idée pure, descend quelque jour se réchauffer à la douce chaleur du saint livre et se baigner dans ces sentiments, parfumés, semble-t-il parfois, de l'haleine légère des femmes. Mais les enfants qui sont dans la mêlée du siècle veulent des breuvages moins tièdes pour apaiser leur fièvre, pour laver leurs blessures saignantes.

C'est un autre calice que celui du Christ, mes frères, que le calice des *Fleurs du Mal*.

III

AU BOUT DU FOSSÉ.

Ce qu'il advient de pareils outranciers, on le pressent.

Le poète qu'emportent des appétits débridés roule au fond de tous les excès. De nouveaux désirs le relèvent pour de nouveaux abîmes de passions. Son cerveau s'enflamme, ses nerfs se détraquent, de sombres manies l'obsèdent. D'obscurs précipices et des imaginations plus profondes encore s'ouvrent devant ses rêves. Dans le repos même il se mine. Son âme exaspère son corps et son corps exaspère son âme. Pour lui tout est présent : le passé et l'avenir. Les angoisses évanouies et les tristesses essuyées l'obsèdent, surgissent au moindre froissement. Et puis un désespoir morne, un dégoût de plomb pareil à l'aube des ivrognes. Pourtant son front appesanti se soulève de l'oreiller. Il faut que le poète né décrive les infinies nuances de ses désolations, et si la chair anéantie se tait, il saura la réveiller et comment la faire souvenir des frissons et des épouvantes anciennes.

C'est ainsi que, retourné à ses voluptés détestables par rappel de sensualité et par recherche d'artiste, quand la machine ayant tout brisé dans ce carnaval se brise elle-même, le poète demeure sur le fumier de son dégoût, parmi les débris de soi-même, seul avec cette torture « La Conscience dans le Mal », l'analyse dans la sensation.

Après les *Fleurs du Mal*, déclarait M. Jules Barbey d'Aurevilly, il n'y a que deux partis à prendre : ou se brûler la cervelle... ou se faire chrétien.

Les courtisanes de jadis, les femmes que nous chérissons pour le parfum qui demeure d'elles, ces orientales inquiètes qui descendirent des lits d'amour pour marcher au Christ rédempteur et dont les chairs caressées, s'étant crispées dans toutes les angoisses de la chair, s'abandonnèrent au pied de celui-ci qui apaise ; les farouches puritains verbeux de Cromwell qui se crurent damnés et se convulsèrent d'horreur devant leur âme ; ces impudiques païennes, ces chastes soldats et d'autres encore connurent les désespoirs que savourait en raffiné Baudelaire. Mais les cœurs mystiques des femmes d'Alexandrie n'étaient guère capables des sournoiseries de l'analyse ; il leur était aussi facile de croire que d'aimer ; et les sombres sectaires anglais retrouvaient aux pages de la Bible la mêlée des batailles et des parlements. Pour leur bonheur les uns et les autres furent des naïfs malgré tout. Hélas ! le poète des *Fleurs du Mal* — qui certes sentait la religion tout autant que les plus catholiques artistes de cette heure, que le panthéiste Laprade ou que l'ennemi personnel de Satan, M. Barbey d'Aurevilly — croyait-il assez pour apaiser ses inquiétudes? Cette intuition qu'il avait d'influences mystérieuses, *supra* humaines, pouvait-elle autre chose que compliquer délicieusement ses sonnets essentiels ou doubler de terreurs métaphysiques ses souffrances physiques chaque jour pires?

L'autre parti restait, se suicider : il n'en fut pas besoin.

Ce n'est pas seulement à chercher de sensations en sensations des frissons nouveaux que Baudelaire brisa son tempérament. Il connut les angoisses de la production, la lutte contre le mot qui se dérobe, la sensation qui vous effleure sans se fixer, la griserie des phrases rythmées et la toute puissance du verbe. Peu de travaux sont plus délicieux, plus meurtriers aussi. Et Jules de Goncourt, mort à la tâche, demeure dans notre mémoire pour l'attester.

Sur le travail, Baudelaire peinait. Ses meilleures pages nous écrasent. Il mettait en vers difficiles de la prose superbe. Après tant de veilles, l'œuvre de cet acharné est courte. Chez lui le moindre vocable trahit l'effort par où il atteignit si haut. Et puis qui sondera la plaie de tant de piqûres d'épingles : ricanements des médiocres, traîtrises de l'envie, honte des imbéciles ! Le *Pays*, avec dédain, pour quelque monnaie, acceptait sa traduction d'Edgar Poe ; les abonnés se fâchent, les rédacteurs l'ajournent, l'administration le suspend. Les petits journaux se gaudissent des *Poèmes en prose* et les *Fleurs du Mal* passent du tribunal, qui les décime, aux quais qui les conservent. Les camarades eux-mêmes le comprenaient peu ; ils furent stupéfaits ou choqués de sa candidature à l'Académie. Vivant, il n'eut guère que la position d'un excentrique. Ce sont les amertumes réservées aux précurseurs et que savourent les Colomb de l'esprit humain qu'ils aient franchi les océans des religions, des arts ou de la science.

« Se suicider ou se faire chrétien ! » Le poète n'eut pas à choisir. Depuis des années déjà son organisme affolé se refusait au service quotidien. La paralysie l'envahissait. A l'âge de 46 ans, le 31 août 1867, Charles Baudelaire expira à Bruxelles, où son inquiétude cherchait quelque repos. Il était de sa destinée de ne le trouver qu'en la tombe. Depuis un an déjà l'aphasie liait sa langue. Qui sait si l'intelligence elle-même ne sombra point dans cette aventure. Des amis vinrent sur son cadavre encore tiède affirmer son esprit lucide dans l'agonie dernière. Jusqu'au cercueil ils soutinrent pieusement cette tête vide qui ballottait de ci de là.

Pour nous qui voyons dans cet instant suprême plus qu'une noble intelligence qui s'affaisse, la solution nécessaire de l'art sensationniste, de l'individualisme poussé jusqu'au phénomène, nous ne tairons pas ce que Sainte-Beuve ne craignit pas d'écrire à la mère même de Baudelaire : « Votre fils et notre ami était depuis longtemps dans les limbes, dans cet entre-deux pénible et obscur qui n'est ni la vie ni la mort. »

N'insistons par sur ces horreurs; que notre respect retombe comme un voile sur cette figure convulsée; que nos lèvres baisent avec vénération la main de ce mourant, cette main inerte, crispée comme celle des petits enfants pour avoir retracé « les agitations et les mélancolies de la jeunesse moderne. »

Mais laissons là ces réalités, environs-nous avec les amis du mort de cette atmosphère qu'exhalent les *Fleurs du Mal.* Contemplons avec eux le Maître. Sur son livre comme sur un gibet de douleur, il est étendu, prophète d'un art nouveau; sa tête couronnée de dérision s'abandonne sur son épaule; son côté sanglant d'une rouge blessure porte encore le scalpel qui le fouilla; tous ses sens par où il domptait la mort palpitent d'une douleur immortelle. Des jeunes hommes et des jeunes femmes l'entourent. Ils se répètent l'un à l'autre les troublantes paroles du maître. Leur piété s'indigne d'admettre la démence suprême de celui qu'ils vénèrent et comme d'autres jadis exaltèrent la Sainte Folie de la Croix, ils vont répandant le verbe nouveau et glorifiant La Folie de Charles Baudelaire.

IV

LES SUBLIMES POÈTES.

L'œuvre de Baudelaire, tout d'abord, parut peu féconde. De beaux esprits la comparèrent à un bassin étroit, creusé avec effort, dans un lieu sombre et couronné de vapeurs. On raillait volontiers les premiers visiteurs ; certains rapportèrent d'étranges brassées de fleurs ; d'autres ne revinrent jamais. Il est des beautés dont on meurt. Peu de poètes furent aimés d'un amour aussi exclusif. C'est qu'ici l'œuvre et l'auteur ne font qu'un. Sommes-nous parents de ce malade, *les Fleurs du*

Mal deviennent notre histoire mêm.

Plaisir amer et des plus doux que c se répéter tel vers de Baudelaire a matin de la nuit parisienne, dar l'ombre coupée de fiacres plus rares (de gaz pâlissant, le long des boule vards désertés, alors qu'un écœuremer de nerfs surmenés, un souvenir de heures insipides, des camaraderie douteuses et de la lutte si mesquine e si vaine, vous envahit toujours parei et traînant une ardeur inassouvie quelque irritation qui salit. — De ombres rôdeuses chuchotent d'amou et d'argent; et le dégoût pâteux d cette vie, de son passé et de ses lende mains nous emplit et se fond dans un nostalgie des pays bleus et gris o l'âme voltigerait par dessus le corps a milieu des harmonies. Cependant l:

volonté sommeille, impuissante à briser là, et des vers plaintifs obsèdent la mémoire :

... Sois sage, ô ma douleur et tiens-toi plus
[tranquille...
... Le printemps adorable a perdu son odeur...
... Et bien que votre voix soit douce, taisez-
[vous...

L'influence de Baudelaire se révéla dans *le Parnasse contemporain*, recueil des poètes vivants, en 1865 et qui fait date dans la littérature de ce demi-siècle. Il y avait alors un renouveau de poésie. C'étaient des jeunes hommes d'ambitions énergiques, mais limitées. Il semble que dans les arts, comme dans les sciences, cette génération se soit vouée aux spécialités. Bien vite essoufflé, chacun d'eux fignola, en bon ouvrier, sa petite œuvre.

Quelques-uns partirent de Baudelaire pour pousser plus avant ; ce qui les relie, malgré toutes leurs excentricités, c'est leur recherche de la sensation rare, leur psychologie morbide. A côté du groupe plastique de Leconte de Lisle, ils furètent de ci de là, quêtant la nuance, les vibrations lointaines; leurs nerfs, toujours tendus, perçoivent ce qui échappe à nos bonnes santés ; ils *voient* et ne s'arrêtent pas toujours aux hallucinations. D'où, on le conçoit, certaines obscurités qui proviennent tantôt de la profondeur, tantôt de la faiblesse des pensées. Les plus audacieux en viennent à demander la sensation à la seule résonance du mot ; ce sont des évocateurs, des musiciens. — Comme Baudelaire eût souri à les voir parfois convoquer les mots les plus lointains pour rehausser une puérilité, lui l'esthéticien toujours réfléchi, et qui prétendait à rendre, par les mots les plus simples, les plus complexes impressions.

Par dessus ce petit peuple tourmenté de dévots, convaincus ou simples jouisseurs, qui communient en Baudelaire, trois figures se détachent également intéressantes *pour le psychologue*, MM. Stéphane Mallarmé, Paul Verlaine et Maurice Rollinat.

*
* *

Il est assez difficile de détailler en bons termes l'œuvre de *M. Stéphane Mallarmé*. Publiés à longs intervalles dans des revues ou des plaquettes de petit tirage, ses poèmes en prose, non plus que ses vers, ne furent jamais réunis. La critique n'eut pour lui que des haussements d'épaule. Je doute qu'il en soit touché. Entendons-nous sur cette nature ; c'est, si l'on veut, un cas psychologique. Par son acuité l'œuvre de Mallarmé pénètrera des coins secrets de notre tempérament ; elle nous intéressera toujours à cause de son esthétique. A le lire, le raffiné se réjouit tantôt d'une coupe de vers, tantôt d'une analogie qui fixe une impression fugitive dont il fut effleuré lui-même, tantôt de la complexité pour la complexité même, comme tel autre d'un problème ingénieux. On lui objecte le bon sens, le suffrage universel des lettrés, le but de l'art, que sais-je ? Paisible, partagé entre les soucis du gagne-pain et les satisfactions désintéressées, il aspire simplement à ramasser dans un vers tout un poème, à formuler la vie et le tumulte d'une époque dans un mot ; il supprime les préambules, les explications, il sent trop pour sentir encore les grosses sensations. Son vocabulaire est simple, chaque membre se phrase clair ; l'ensemble le plus souvent incompréhensible. Suivons, en effet, son procédé de composition : sur l'idée initiale d'une complication dejà singulière, il raffine mathématiquement, puis, pour la réaliser, ayant fait choix de quelque comparaison rare et *adéquate*, il lâche tout soudain et ne conserve plus que la comparaison même, d'où il s'élance, sans autres explications, à de nouvelles et lointaines analogies. Encore, pour resserrer le tout, supprime-t-il les transitions ; et le plus souvent il procède, non point d'idée à idée, mais d'émotion à émotion. C'est bien là de l'art sensationiste, mais toujours voulu, médité, et développant quelque conception intellectuelle. Il écrit pour lui seul, et quelques blasés le savourent.

Cela titille étrangement tout l'être. La volupté est singulière à pénétrer ces rébus ; c'est parfois la moelle substantielle. Des vers d'une fière venue semés çà et là acquièrent un éclat superbe de l'obscurité même du fond. Ce demi-jour de l'entendement double l'effet, affirment les initiés. Cette poésie symbolique est un excitant qui n'assouvit pas. Que demandez-vous ici de la passion, d'éloquents lieux communs ! Allez à d'autres clairons.

C'est la tournure d'esprit classique au service d'une observation tenue, dévidée subtilement avec de soudaines ruptures, comme le fil d'Ariane au labyrinthe, comme encore un voluptueux qui s'interrompt. Il faut les lire ces poèmes avec des lunettes au cerveau, pour ainsi dire ; les commenter avec un ami impressionnable, un peu sceptique et qui sait la raillerie trop facile. Il y a là des jouissances de vieux professeur, de chanoine, des liqueurs à déguster lentement, très lentement, à ces heures où l'on trouve trop gros les écroulements splendides de Hugo, les pays de bronze et de soleil de Leconte de Lisle, les guetsapens et le délire de Balzac.

Et encore! je parlais de chanoines tout à l'heure, mais non j'aime mieux voir dans l'œuvre de Mallarmé la lecture dernière de vieux célibataires, très maigres et dévots de Schopenhauer qui ayant reconnu l'inanité même du plaisir intellectuel l'amoindrissent, le rapetissent, en le faisant chaque jour plus aigu.

*
* *

Plus facile est le domaine de *M. Paul Verlaine*. Il connaît les souffrances communes ; il écrit d'exquises élégies, des romances chastes et sentimentales, là où il est bon, c'est le poète du tact ; de l'infinie nuance. Le grand succès près des lettrés ne peut manquer de lui venir. On lira ses *Poèmes Saturniens* où il cherche sa voie et se croit encore impassible ; ses *Fêtes galantes* qui sont une délicieuse fantaisie très subtile et très personnelle comme en conçoivent seuls ces pays du nord, patrie de Watteau, de Carpeaux, de Verlaine et des dentelles. Dans les *Fêtes galantes*, dans *la Bonne Chanson*, dans les *Romances sans paroles*, nous sommes bien loin de Baudelaire. Ce sont des plaintes qui meurent avec une tendresse incomparable, des murmures d'amour tristes à faire pleurer. C'est le dernier degré de l'énervement dans une race épuisée. C'est de l'art, parfois le plus exquis que nous sachions.

O triste, triste était mon âme
A cause, à cause d'une femme...

. . . .

... Il pleure dans mon cœur
Comme il pleut sur la ville.
Quelle est cette langueur
Qui pénètre mon cœur?

On goûtera peut-être plus lentement *Sagesse;* c'est pourtant sous sa forme enveloppée un livre de désolation qui mérite de demeurer comme le terme suprême du mysticisme baudelairien; Très original d'allure, Verlaine appartient à cette race d'esprits inassouvis que nous interrogeons. Mieux que tout commentaire la préface expliquera l'œuvre :

« L'auteur de ce livre n'a pas toujours pensé comme aujourd'hui. Il a longtemps erré dans la corruption contemporaine y prenant sa part de fautes et d'ignorance. Des chagrins très mérités l'ont depuis averti, et Dieu lui a fait la grâce de comprendre l'avertissement. Il s'est prosterné devant l'Autel depuis longtemps méconnu, il adore la Toute-Bonté et il invoque la Toute-

Puissance, fils soumis de l'Eglise, le dernier en mérite mais plein de bonne volonté. »

Et les vers suivent d'une grâce mélancolique qui se contourne sur des fonds gris, sur des teintes impressionnistes et que traversent des soupirs de dévotes jeunes, avec des invocations à la Vierge, des attritions, comme ensemble un petit air cafard et retour de Cythère, puis des sanglots très vrais, du sérieux de pédant en prière avec des coquetteries de ballerine; on songe aussi à ces étoles pieuses dont la mode rhabille les plus belles de nos pécheresses; et tout cela est bien de cette époque incohérente et de ce groupe qui créa et arbora le *zutisme*, le dernier mot de l'indépendance. Sentira-t-on ce qu'il saigne de tristesse sous ce scepticisme affolé qui bondit d'un excès à l'autre, ne voit partout que « balançoires » et ne peut se résigner à la sagesse inconsciente du bon bourgeois qui fume sa pipe par la fenêtre et regarde passer la vie.

Je voudrais vous faire admirer les prières à la Vierge, les dialogues scolastiques du poète et du Christ et ces deux sonnets : *Sagesse d'un Louis Racine, je t'envie*, et le suivant, et encore *les Petites Mains*, sans oublier *les Voix*, mais c'est l'ensemble, l'œuvre tout d'une traite qu'il faut comprendre.

M. Sarcey, conférencier, excelle à simplifier l'analyse par une formule peu compromettante que j'aimerais à lui emprunter : « Je ne sais si vous êtes comme moi, dit-il à ses auditeurs flattés, mais je trouve tout cela bien curieux. » Ecoutez plutôt ce que la sagesse humaine disait jadis au poète :

. . . .

N'as-tu pas en fouillant les recoins de ton
[âme
Un beau vice à tirer comme un sabre au soleil,
Quelque vice joyeux, effronté, qui s'enflamme
Et vibre, et darde rouge au front du ciel ver-
[meil?
Un ou plusieurs? Si oui, tant mieux! Et pars
[bien vite
En guerre, et bats d'estoc et de taille, sans choix
Surtout, et mets ce masque indolent où s'abrite
La haine inassouvie et repue à la fois...
Il faut n'être pas dupe en ce farceur de monde
Où le bonheur n'a rien d'exquis et d'alléchant
S'il n'y frétille un peu de pervers et d'immonde,
Et pour n'être pas dupe, il faut être méchant.

L'excellente théorie de la vraie débauche intellectuelle ramassée dans ces derniers vers. Ah! le bon fils de Baudelaire que voilà !

Ah ! Seigneur, donnez-moi la force et le cou-
[rage
De contempler mon cœur et mon corps sans
[dégoût [1] !

Voit-on assez monter le désenchantement et l'immoralité ! Immoralité qui n'est faite que de l'insurrection de nos consciences, formées par des siècles de foi, contre les libres assouvissements où nous convie cet instant débridé et sans maître ; lutte de l'être qui se dédouble et ne retrouvera la paix et l'unité que dans une loi, dans un dogme.

Au côté de Verlaine il convient de laisser Arthur Rimbaud, l'étrange jeune homme qu'il nous fit connaître [2].

(1) *Fleurs du Mal : Un Voyage à Cythère.*

(2) *Les Poëtes maudits.*

Le poète du *Bateau ivre*, âgé de seize ans, fut accueilli à Paris comme un prodige, récita quelques strophes d'un grand mouvement, des vers d'un charme très subtil où l'on sent « sourdre et mourir sans cesse un désir de pleurer », puis il disparut, désespéré de la vie, dédaigneux de l'art, laissant des manuscrits épars, un inquiétant souvenir et une plainte farouche qui mérite de demeurer[1].

Mais vrai, j'ai trop pleuré. Les aubes sont
[navrantes,
Toute lune est atroce et tout soleil amer.
L'âcre amour m'a gonflé de torpeurs enivrantes.
O que ma quille éclate ! O que j'aille à la mer !

*
* *

Survint la guerre de 1870 qui arrêta

(1) *Le Bateau ivre.*

cette renaissance de la poésie. Les vers durent céder à la prose. Cependant l'idée baudelairienne régnait sur des cénacles. Elle put espérer des jours plus propices dans ces dernières années. On menait grand bruit à Montmartre d'un jeune poète qui déclamait ses vers avec une sauvage conviction et tout le génie d'un grand tragédien. Vint le jour où ce talent déborda les brasseries intimes. Ce fut un beau tapage. Si l'on ne souffla mot de Mallarmé ni de Verlaine, du moins Baudelaire fut révélé à plus d'un — par les *Névroses* de Maurice Rollinat.

Bien qu'ils élèvent leurs œuvres dans les mêmes régions, et qu'une atmosphère commune les enveloppe, tout les sépare. Rollinat est un rustique, Baudelaire un dandy. Tandis que ce dernier se cloître en sa demeure, mure toute vue sur la nature et laisse seul se glisser quelque argenté rais de lune, tandis qu'alangui par les énervants parfums de la chambre close où palpitent les débauches de la veille, il se complaît à repasser les lourdes splendeurs des rivages lointains, tandis qu'il jette parfois un regard singulier vers cette porte entrebâillée, cette porte sanglante des appartements défendus, qui attire et qui inquiète comme la rouge blessure d'une chair ou la bouche mi-close du vampire, — c'est en pleine campagne, au contraire, dans les brandes que s'installe M. Rollinat. Sans doute il assombrit la nature, il lui porte ses inquiètes dispositions qui sont un mystère de la naissance et passent le domaine du psychologue.

Il souffre étrangement de la tristesse des arbres ; quand la nuit le surprend au milieu des champs, il est mordu par de fantastiques terreurs ; mais de toutes parts le pénètrent les saines et fortes senteurs de l'étable...

Hélas! il vint vivre à la ville ; ses sens, toujours grossiers, s'affinent, sa sensibilité s'exaspère. Les luttes pénibles du début le meurtrissent sans le fortifier. Dans cet exil, chaque jour sa sympathie s'élargit. En toutes choses il voit des êtres, des âmes, c'est-à-dire des souffrances. Trop énervé, il ne peut se réfugier en la sévère croyance au néant ; la mort, pour lui, c'est l'affreux squelette qui, sans trêve, le poursuit et vient mettre son épouvantement au milieu de toutes les joies. Alors le poète retourne à ses amis rustiques, à toutes ces bêtes dont il fut l'interprète, le confident jusqu'en leurs amours. Même dans ce dernier refuge, des angoisses le poursuivent : sa machine détraquée, son cerveau halluciné le jettent en de folles terreurs ; et, terrassé par la névrose, il implore Notre-Dame la Mort, il compose son épitaphe, puis, d'une voix égarée, entonne son *De profundis*.

Dans le groupe sensualiste que nous étudions, au milieu de ces poètes analystes et voulus, Baudelaire, Verlaine et Mallarmé, cet irréfréné tempérament étonne. Cette abondance, ce souffle qui glisse et nous enchante chez Lamartine, qui tourbillonne et force l'admiration chez Hugo, choque trop souvent dans les *Névroses*. L'inspiration violente apparaît quelque fois comme le désordre superbe d'une création ; elle peut sembler aussi un pénible chaos. Dans sa fièvre, Rollinat étreint la langue, la brutalise, la blesse parfois ; elle se venge en se refusant à lui. L'artiste faiblit, l'expression juste se dérobe, la phrase culbute, et l'idée s'enfuit comme elle peut dans un triste lambeau de style.

C'est là l'infériorité de Rollinat. Un tempérament de poète ne produit œuvre de poète que s'il joint à la sincérité le don de nous émouvoir. Rollinat disait admirablement ; aucun auditeur ne peut se dérober à son influence. A la lecture, il perd ses avantages. Parfois, on croirait que, surexcité par le contact de son public, par la nécessité de faire plus violent, d'étonner encore des familiers, il s'emballe au delà de ses sensations, dans la rhétorique du genre. Cette fougue, cet élan sans calcul font parfois que le bond du poète n'atteint que la brise qui passe. La chute est alors complète et risque d'éveiller des sourires. L'agitation, les mots à effet ne sauraient nous tromper. Sous la griffe de ces vers, rien ne palpite. Il semble assister à quelque furieuse pantomime.

Toujours sans critique, sans intervention de la volonté, les sensations se traduisent immédiatement dans son cerveau, en récits dramatiques. Il ne les analyse pas, il n'a rien du psychologue qui médita *les Fleurs du Mal*.

Il ignore la savante rhétorique de Poe, qui communique à son lecteur les plus épouvantables frissons de la terreur, sans même en prononcer le nom. Lui, au risque de nous faire fuir tout d'abord, intitule un poème : *La Peur*.

J'insiste là-dessus ; parmi ces analystes qui créèrent avec réflexion la psychologie morbide, il est inconscient, plus théâtral que sincère; au résumé, un convulsionnaire. Emporté par son tempérament, et parfois par les bravos, au risque de se casser les reins, il va plus loin qu'aucun. Des vaudevillistes lui font signe et l'on hésite à le suivre. Byron disait : « Je serais curieux d'éprouver les sensations d'un homme qui vient de commettre un crime. » Baudelaire a écrit : *Le vin de l'assassin*. Rollinat nous révèle *le Soliloque de Troppmann*.

Normal, le fonctionnement du cerveau, comme de tout organe, nécessite un certain afflux de sang. Excessif, il entraîne une congestion qui peut durer un temps considérable : alors, dans la conscience, bouillonnent des pensées immenses et des sentiments violents ; poussés à un tel degré d'intensité qu'ils sont des illusions ; puis, des fonds obscurs de l'individu surgissent des états de conscience rare, et qui deviennent les sentiments dominants. Mais si cette congestion fait place à une inflammation, l'ordre et la proportion disparaissant, — il y a délire.

V

LES DÉCADENTS :
(LA VIE, LES MONSTRES)

Rollinat tout irréfléchi, tout d'élan, marque une extrémité de l'esprit baudelairien comme le travaillé, le voulu de Mallarmé. Ces deux esprits si curieux pas plus que cet artiste, Paul Verlaine, ne possèdent le public. Mais le flot qui les porte avance chaque jour.

Certainsontapportéleurinquiétude, leur perverti douloureux dans la critique, dans l'étude de la société contemporaine. Ils se complaisent aux plushideuses maladies pourvu qu'elles soient rares et poussent l'amour de l'unique jusqu'au culte du décadent.

Dans le roman, nous indiquerons les taches verdâtres, la décomposition des *Monstres Parisiens* de M. Catulle Mendès. Etrange maladie de l'amour! Pourquoi donc ces chairs pourries, ces parfums sous les dentelles, ces vierges dépravées, sinon par raffinement de luxure baudelairienne? Dans *Fleurs d'ennui*, dans *Mon Frère Yves* et ailleurs, M. Pierre Loti fait accepter et admirer du gros public des subtilités étranges, des nostalgies, un frissonnement perpétuel des nerfs, une symphonie faite uniquement de sensations, des plus brutaux appétits comme des plus raffinées morbidesses, et c'est par Loti, par Francis Poictevin encore, ce curieux Japonais d'Heidelberg, que le courant parti de Baudelaire vient caresser le domaine des Goncourt, sensationistes eux aussi et plus préoccupés de traduire des émotions individuelles que de rendre la réalité et qui vivront pour s'être racontés à chaque page de *Charles Demailley*, de *Manette Salomon* et de *la Faustin*. Le suprême effort de ces deux artistes merveilleux pour suivre la logique des émotions en dépit même des traditions grammaticales aboutit, notons-le, à désarticuler la prose comme fait Verlaine du vers.

*
* *

Ai-je besoin de joindre à ces décadents J.-K. Huysmans. Chacun de ses romans reflète cette tristesse crépusculaire dont nous distinguâmes les infinies nuances, et plus d'une fois nous avons pu citer son étonnante monographie d'un sensualiste qui n'écrit pas. L'objet de notre étude n'est point esthétique ; et le héros d'*A Rebours*, *des Esseintes*, nous intéresse comme type, et au même titre documentaire que Mallarmé ou Rollinat. C'est qu'en effet autour de ceux que nous écoutâmes, et qui du moins se consolent de leurs souffrances à les fixer, grouillent de pauvres malheureux grisés de cette atmosphère ; petits jeunes gens consciencieux, posticheurs d'excès, énervés de brasserie, qui veulent eux aussi jouer du bilboquet et s'écrasent de la boule le nez ; ratés prétentieux qui insultent volontiers ce qu'ils ne comprennent pas, qui ignorent les traditions de quoi se forme tout talent et Baudelaire, qui truquent les procédés, chipent les épithètes et sans émotions, ni goût, ni fantaisie même, rédigent péniblement des recueils d'incongruités. Solitaires parmi cette plèbe, saluons quelques infortunés que la banalité de l'existence écœure, que leurs sens ne peuvent satisfaire, qui ne daignent ou ne peuvent se consoler dans les impudeurs de cet art autobiographique et qui flotteront, inassouvis jusqu'à la mort, de la maison de santé à la maison de Dieu.

VI

CONCLUSION.

S'ils me séduisirent, ces artistes singuliers, si j'ai dit trop lentement le rythme de leurs strophes et la nuance de leur verbe, on voudra bien excuser ma psychologie un peu buissonnière pour avoir appris d'elle le charme de ces nouveautés. Ne voulais-je pas étudier la vie à travers cette littérature sensualiste ? Toute la sagesse des poètes tient peut-être en la douceur de leurs rimes. Il est des cœurs transverbérés éternellement à cause de trois mots associés dans une forme unique. Et les

systèmes des philosophes, leurs arguments, tout leur génie, n'atteignent pas là.

Il convient, toutefois, de voir clair jusqu'en nos enthousiasmes. L'œuvre de ce groupe est mince au résumé; Baudelaire ne fut peut-être qu'un esprit laborieux qui sentit et comprit par Poe des choses nouvelles et se raidit toute sa vie pour se spécialiser. Mallarmé et Verlaine faillirent à leurs ambitions ; certaines élégies de Verlaine sont de premier ordre, mais son œuvre la plus haute, celle qui nous intéresse, *Sagesse*, pour ses inégalités pourrait parfois faire sourire des âmes simples.

Au demeurant, c'est leur effort, la chose à faire plutôt que la chose faite, que nous admirons. Tout un monde renouvelé, sourd parfois en nous ; des liens secrets nous rattachent aux grands mystiques ; la *Vita Nuova*, les Primitifs sont plus voisins de nous que les deux siècles derniers. Nous avons des minutes d'un spiritualisme intense que seuls satisfont à peu près les maîtres catholiques ou encore, parmi les modernes, Puvis de Chavannes, Gustave Moreau, les Préraphaélites anglais, peintres et poètes. Et Baudelaire est notre maître pour avoir réagi contre le matérialisme de Gautier, qui est le réalisme d'aujourd'hui, et contre tout le superficiel du romantisme. C'est par les *Fleurs du Mal*, peut-être, que nous reviendrons à la grande tradition classique, appropriée sans doute à l'esprit moderne, mais dédaigneuse des viles couleurs éclatantes et de toutes les sauvageries plastiques, convaincue que l'intellectuel s'honore d'être discret, et rêvant d'exprimer en termes clairs et nuancés des choses obscures et toutes les subtilités intimes. Pour conclure, si je ne suis pas assuré que Mallarmé nous mène là, du moins, affirmons-le, Baudelaire suggéra des curiosités nouvelles à l'esprit français, et dota notre langue des plus délicats procédés d'analyse.

Dans le balancement perpétuel qu'on nomme le Progrès, les *Fleurs du Mal* et tout ce groupe déterminent, parmi quelques jeunes esprits distingués, un des mille retours du moral sur le physique. Qu'on l'aime ou non, — c'est affaire de tempérament, — il demeure une psychologie et une langue baudelairienne.

*
* *

Cette manière nouvelle de sentir que créèrent les Maîtres de l'Ecole, et qu'eux-mêmes proposent aux intelligences secondaires, apporte-t-elle quelque bien à l'humanité ?

La fin d'action la plus immédiate de ces artistes est de faire de beaux vers. Bien vite ils s'aperçoivent que, même ce but atteint, le bonheur leur échappe. Grands artistes ou simples sensualistes, Baudelaire ou des Esseintes, ils se trouvent en face de la vie également désarmés et inquiets d'idéal ; ils s'agitent dans l'irrésolution. N'est-ce pas, d'ailleurs, la souffrance de tous, à cette queue de siècle où la vie dédaigne ses buts anciens ? Vit-on jamais plus de blasphèmes ? De là, Leconte de Lisle et Flaubert coulent au désespoir, au nirvanâ plus ou moins réel. C'est qu'ils embrassent le mal universel sévissant à travers l'Espace et le Temps. D'autres se donnent à la recherche désintéressée du vrai... Mais repliés sur eux-mêmes, les sensationistes se croient une exception, des maudits, des victimes marquées par une puissance extérieure. Leurs désirs ne leur laissent pas de repos, les chassent d'excès en excès, les lassent, les blasent, les excitent à relever de piments défendus les voluptés trop fades. La notion du Bien et du Mal que les siècles déposèrent en chacun de nous ne fut jamais étouffée en eux sous les théories de cette heure; à peine furent-ils effleurés de la science comme d'une poussière flottante. L'idée morale aiguillonne leurs débauches, ainsi que la pudeur excite la luxure, jamais elle ne leur sera un but ni un refuge. Ce mysticisme brumeux qui les enveloppe ne prend pas corps ; il leur permet de blasphémer, mais non de se régler. C'est pourquoi, tumultueux jusqu'à la tombe, ils chancelleront du paradis des croyants aux paradis artificiels.

*
* *

Au terme de cet essai j'imagine volontiers qu'un gouvernement, tel que nous le rêvons d'après Hobbes, s'inquiéterait d'arrêter, par quelque vigoureuse hygiène, de pareilles doctrines, aussi fécondes en malades et en perturbateurs que stériles de citoyens, et, pour tout dire, nuisibles à la discipline des esprits. Mais je pense que le despote sage, après réflexion, remettrait d'intervenir, fidèle à la tradition d'une aimable philosophie : « Après nous le déluge ». Et, s'il hésitait encore, quelque conseiller un peu sceptique et d'esprit délié le convaincrait à peu près en ces termes :

« Ce sont là jeux du génie et à toute époque il convient de lui laisser quelque chose à dévorer. Aussi bien des douches très froides et distribuées avec tact amèneraient une amélioration, sans rien guérir; le mal vraiment passe l'individu pour atteindre la race même : voyez nos grandes villes sous le brouillard de tabac qui les enveloppe, abruties dans les fonds par l'alcool, entamées dans le haut par la morphine, c'est là que se détraque l'humanité. Rassurez-vous ; il en sortira plus d'épileptiques, d'idiots et d'assassins que de poètes. Et puis, lors même que vous pourriez fermer ces usines de monstres, ne conviendrait-il pas d'accorder quelques regrets aux Baudelaire et aux Verlaine dont les souffrances délassent le flâneur simple et sans prévention qui s'attarde à les écouter quelques minutes brèves. »

ACHEVÉ D'IMPRIMER, LE
3 OCTOBRE 1926, SUR LES
PRESSES DU MAITRE-
IMPRIMEUR FRAZIER-
SOYE, 168, BOULEVARD
DU MONTPARNASSE, PARIS.

www.ingramcontent.com/pod-product-compliance
Ingram Content Group UK Ltd.
Pitfield, Milton Keynes, MK11 3LW, UK
UKHW020334180726
13839UKWH00002B/714

9 782329 371962